J. M. J.

Paris, le 24 mai 1873.

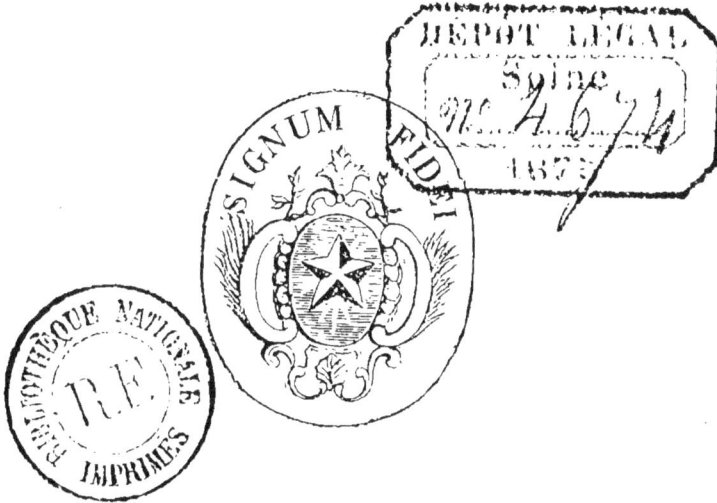

NOS TRÈS-CHERS FRÈRES,

QUE LA GRACE ET LA PAIX DE NOTRE-SEIGNEUR JÉSUS-CHRIST SOIENT TOUJOURS AVEC NOUS !

Le 17 avril dernier, Dieu, dans ses desseins impénétrables, frappait notre chère Congrégation d'un de ces coups d'autant plus terribles qu'ils sont plus imprévus: le chef bien-aimé qui nous avait été donné, était ravi à notre affection, après avoir porté pendant un an à peine la charge qui lui avait été imposée, et dont il exerçait les fonctions à la satisfaction, comme à l'édification générale des membres de notre Institut.

Nous venons, conformément à la promesse qui vous en fut faite dans la circulaire du jour même de son décès, payer à sa mémoire le tribut de regrets et de vénération qu'elle mérite, et présenter à votre édification les traits les plus saillants d'une vie trop courte, il est vrai, surtout eu égard aux espérances qu'elle avait fait concevoir pour l'avenir de l'Institut.

Les détails que nous allons donner sur l'enfance et l'adolescence du très-cher frère JEAN-OLYMPE sont dus à l'obligeance de plusieurs personnes qui l'ont intimement connu avant son entrée en religion.

Joseph-Just Paget naquit le 4 juillet 1813, à la Chapelle-des-Bois, canton de Mouthe (Doubs). Son père, d'abord horloger, dans sa jeunesse, devint plus tard instituteur. C'était un ce ces chrétiens fermes et complets, qui ne voient que leur devoir; marchant droit dans la bonne voie, sans s'occuper de ce qu'on disait ou faisait, ne relevant que d'une conscience bien éclairée; bon et ferme avec ses enfants, se faisant craindre et aimer tout à la fois.

Just fut le troisième de douze enfants, dont trois moururent en bas âge; deux ont embrassé la carrière sacerdotale et plusieurs autres la vie religieuse. L'union la plus parfaite régnait dans la famille : la mère, en même temps qu'elle s'occupait des soins du ménage, faisait la première éducation de ses filles, pendant que le père se chargeait de celle des garçons.

En 1825, Just dut se préparer à sa première communion. Nous laissons ici la parole à celui de ses frères, aujourd'hui prêtre, qui l'accompagna dans cet acte important :

« Le curé de la paroisse que nous habitions alors avait la coutume de ne faire solennellement de premières communions que tous les deux ans : ceux qui se trouvaient disposés dans l'année intermédiaire faisaient ce grand acte sans aucune solennité; nous fûmes de ce nombre; il n'y avait donc pas de retraite préparatoire. Mais mon frère eut le courage de se mettre lui-même en retraite pendant six jours; il se condamna à un silence complet. Ni les agaceries de ses camarades, ni les railleries dont il fut l'objet de la part de quelques-uns, ne purent le faire manquer à sa résolution. Il passa tout le temps en lectures pieuses et en prières, et ne rompit le silence qu'après sa première communion, qui eut lieu le dimanche de la Passion, 13 mars.

« Dans les semaines qui suivirent, il me conduisait souvent à l'église pour prier devant un crucifix, qui restait exposé depuis le Vendredi-Saint jusqu'à l'Ascension. Il avait trouvé à la maison un livre où étaient de belles prières à faire devant la croix, tantôt en baisant les cinq plaies de Notre-Seigneur, tantôt en la tenant à la main. Je me suis toujours rappelé avec quelle piété il observait toutes les cérémonies indiquées en me les faisant faire avec lui. Je me laissais volontiers diriger par lui pour toutes ces œuvres de piété. C'est à lui aussi en partie que j'ai dû la régularité à m'approcher des sacrements, dont il donnait constamment l'exemple.

« Je me suis rappelé surtout et j'ai souvent médité quelques paroles qu'il me dit à cette époque; nous étions en récréation, et tout à coup, sans que je puisse me souvenir de ce qui avait amené cette exclamation, il me dit : « Ah! qu'il fera bon au paradis! ne manquons pas la place qui nous y est préparée. » Je n'ai jamais oublié ces paroles, ni le ton avec lequel il me les dit; je vois encore le lieu précis où nous étions, il y a de cela cinquante ans. Depuis que j'ai vu la direction de sa vie, je me suis toujours reproché de n'avoir pas assez répondu à ses pieuses avances. Je suis persuadé que si j'étais entré un peu dans ses vues, j'aurais lu dès lors dans son âme bien des merveilles que la grâce y opérait. »

M. Paget, père, avait fait quelques études de latinité ; il entreprit donc, vers la fin de l'année 1824, de donner à ses enfants des leçons de latin, dans le dessein de favoriser leur vocation, s'ils se sentaient appelés à l'état ecclésiastique. Le jeune Just dut se livrer comme ses frères à ce genre d'étude, quoiqu'il n'y eût aucun goût ; mais il le fit par esprit de soumission jusqu'au jour où il lui fut permis de déclarer à son père qu'il désirait être instituteur.

« Je n'approfondis pas alors, » ajoute son frère, « la portée de sa décision ; mais, en y pensant depuis, je suis demeuré convaincu qu'elle a été de sa part un acte de dévoûment : avec son caractère réfléchi, il a compris que notre père, avançant en âge, avait besoin de quelqu'un pour l'aider, et il a voulu être pour lui cet appui qui lui était devenu nécessaire.

« Ses nouvelles occupations ne diminuèrent en rien sa piété. Il y avait tout près du village, une petite chapelle dédiée à Notre-Dame des Sept-Douleurs ; il me disait souvent : Allons prier un peu à la chapelle. Il s'empressait de demander la permission, qui nous était toujours accordée, et nous priions pendant quelques instants ; puis nous revenions tranquillement à la maison.

« En 1828, le curé de notre paroisse, devenu âgé et infirme, demanda un vicaire. On lui envoya un jeune prêtre pieux et zélé qui, ayant trouvé dans mon frère une âme privilégiée, donna un nouvel élan à sa piété. Quelques semaines après l'arrivée du vicaire, je vis mon frère écrire longuement et en secret sur un cahier qu'il portait toujours avec lui. Je remarquai que, pendant les récréations, il demeurait souvent à l'écart. Je désirais naturellement savoir ce que contenait ce mystérieux cahier; je le lui demandai. Il fit d'abord quelques difficultés, puis enfin me le montra: c'était le petit office de la très-sainte Vierge selon le rite romain. Il avait écrit en tête de l'office : « Prières que je réciterai tous les jours, et qui m'obtiendront, par la protection de la très-sainte Vierge, la grâce de voir Dieu dans le ciel. » Je sais qu'il l'a récité longtemps, et comme il le sut bientôt par cœur, et que d'ailleurs il s'est toujours montré persévérant dans les pratiques qu'il embrassait, j'ai lieu de croire qu'il continua de le réciter jusqu'à son entrée au Noviciat.

« Les succès qu'il a eus plus tard dans ses conférences, m'ont rappelé quelques circonstances auxquelles je ne fis pas alors grande attention. Notre curé étant mort, vers la fin de l'année 1828, fut remplacé par un jeune prêtre éloquent, profond théologien. Aux instructions faibles d'un vieillard avaient succédé des instructions pleines de choses et dites d'une manière attrayante. Mon frère en fut enthousiasmé, il les écoutait avec avidité, en faisait l'analyse et en composait de gros cahiers. C'a été là son modèle, et, d'après tout ce qu'on m'a dit de ses conférences, c'était bien le même genre : beaucoup de choses, mais dites sans recherche et sans éclat, quoique présentées avec attrait. »

A partir de 1830, Just Paget, commença à se mêler un peu plus parmi les jeunes gens de son âge, à partager leurs jeux, leurs amusements. Ce fut d'abord un sujet d'inquiétude pour son père, qui, le surveillant avec plus de soin, s'aperçut bientôt que son fils n'en devenait pas plus mauvais ; mais qu'au contraire, il faisait plutôt du bien à ceux qu'il fréquentait. En effet, un grand nombre de ceux qu'il voyait ainsi, sont restés sages, et aiment à parler des beaux moments qu'ils ont passés avec lui. Plusieurs même l'ont suivi plus tard au noviciat.

En 1831, M. Paget, obligé de quitter la commune où il exerçait, fut agréé à Chantrans, mais à la condition de tenir l'orgue de la paroisse. Il ne recula pas devant cette difficulté : connaissant la ténacité de son fils, et sa bonne volonté que rien n'arrêtait, il le plaça à Ornans pour prendre des leçons chez l'organiste de la ville. Deux mois seulement lui étaient donnés pour se mettre à même d'accompagner le chant. Il s'y mit donc avec ardeur, et au bout de ces deux mois, il répondait à l'attente générale ; il continua de prendre des leçons, et, par la pratique, il était devenu, sinon un organiste distingué, du mois assez bon. C'est lui qui a tenu l'orgue de Chantrans pendant les six ans qu'il y est demeuré.

A partir de cette époque, Just Paget devint pour son père un précieux auxiliaire dans son travail d'instituteur. Il sut apporter dans la méthode, dans la tenue des élèves, des améliorations que son père admettait volontiers.

Aux vacances de 1834, M. Paget se sentant âgé et fatigué, prit le parti de se retirer, et laissa le poste de Chantrans à son fils. Celui-ci fut accepté avec joie, moyennant un engagement de trois ans. Dès cette époque, le jeune Just avait le projet de se faire religieux ; mais, voulant aider ses parents, tant que ses frères n'auraient pas terminé leurs études, il consentit à prendre l'engagement dont nous venons de parler.

Pendant les trois années qu'il passa à Chantrans, la vie du nouvel instituteur fut réglée comme celle d'un religieux. Il se levait à cinq heures, travaillait sans feu en hiver jusqu'à six heures, préparait sa classe, et ne tardait pas à appeler ses écoliers, les conduisait à la messe de sept heures et continuait sa classe jusqu'à onze heures trois quarts.

A une heure, classe de l'après-midi jusqu'à cinq heures passées. Il faisait ensuite une lecture intéressante jusqu'à six heures et demie, puis venaient les leçons pour les pensionnaires et ceux qui voulaient pousser leurs études plus loin que les autres élèves. Son exactitude était telle que quand les six heures et demie sonnaient, quelque intéressante que fût la lecture, le livre était fermé ; chacun se mettait à genoux, et la prière précédant les leçons commençait immédiatement. Il s'initiait ainsi à la pratique de l'exactitude et du renoncement qui ont été le grand but de toute sa vie religieuse.

La conduite si pieuse et si régulière du jeune instituteur exerça une heureuse influence sur la paroisse ; aussi M. le curé appelait-il le maître d'école, son premier vicaire, et bien des années plus tard, il disait fréquemment que jamais il n'avait rencontré un instituteur tel que le jeune Paget.

« J'ai eu, étant encore dans le monde, » nous écrit un de nos chers frères directeurs, « l'occasion de voir une fois le très-cher frère Jean-Olympe, lorsqu'il

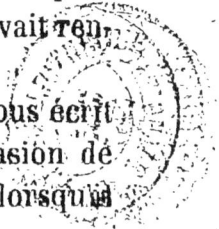

était instituteur à Chantrans : c'était pendant une mission qui se donnait dans la paroisse. Comme il était chargé de diriger les chants qui s'exécutaient dans le cours des exercices, je pus l'observer à mon aise durant plusieurs jours consécutifs. Je fus singulièrement frappé du maintien grave et recueilli de ce jeune homme de vingt à vingt-deux ans, dans lequel un œil un peu exercé eût pu facilement deviner le futur religieux. Aussi tous les habitants de la localité s'accordaient-ils à louer sa piété, sa modestie, son zèle pour la gloire de Dieu et la bonne éducation de ses élèves, et toutes les autres vertus qui déjà brillaient en lui. »

Pendant ce temps là, son projet de se donner à Dieu se fortifiait ; mais, voulant agir avec maturité, il consultait des directeurs éclairés, et faisait des visites fréquentes à nos frères d'Ornans. En 1836, son projet devint une résolution arrêtée, seulement il hésitait dans le choix de la congrégation ; il voulait se consacrer à l'enseignement, et il trouvait cela dans l'un et dans l'autre des deux instituts qu'il avait en vue.

Quand sa résolution bien déterminée fut connue dans la famille, elle y causa une grande peine, surtout à la mère : celle-ci était bien chrétienne et ne voulait pas s'opposer à la volonté de Dieu ; mais, bien attristée, elle cherchait à rompre le dessein de son fils.

Des sollicitations très-pressantes lui vinrent également du côté des autorités et des habitants de Chantrans, qui s'engageaient à lui faire une position plus avantageuse, s'il consentait à rester comme instituteur dans ce village, où chacun lui avait voué une affection qui existe encore à présent.

Tout ceci se passait en 1836. Or, pour tenir les engagements pris avec la commune, il avait encore une année devant lui. Mais il voulut que tout fût réglé assez à l'avance pour qu'au moment voulu, il n'eût plus qu'à exécuter son projet.

Il s'agissait, comme nous l'avons dit plus haut, de choisir entre deux congrégations. A cette fin, il priait et agissait en même temps. Il écrivait aux supérieurs de ces deux congrégations les mêmes lettres, dans les mêmes termes, examinant et pesant les réponses. Plusieurs lettres l'avaient laissé dans l'incertitude ; mais, enfin, une dernière réponse leva tous ses doutes.

Avant de se déterminer, il voulut toutefois profiter de l'époque des vacances pour se préparer sérieusement à la démarche importante qu'il se proposait de faire. Le moyen qu'il employa fut celui d'une retraite chez les Pères Jésuites de Dôle (Jura). Il la fit de huit jours, sous la direction du R. P. Fouillot, le même qui, plus tard, sera son conseiller dans la direction de nos jeunes novices. Il y apporta un tel soin, qu'au sortir des saints exercices, sa détermination était devenue inébranlable, et qu'il fit part de son dessein à deux de ses plus intimes amis, qui, eux aussi, résolurent de l'imiter.

Pendant l'hiver de 1836-37, il employa les moments que lui laissaient les soins de sa classe, à apprendre par cœur les prières qui doivent être sues par nos novices. Il y mettait une grande ardeur, les faisant déjà en son particulier, à mesure qu'il les avait apprises. On savait dans le village que son parti était pris, et on ne l'appelait plus que *Frère,* lorsqu'on lui adressait la parole.

1.

Quand arriva le mois de mai, il voulut faire les exercices du mois de Marie dans sa classe pour ses plus grands élèves et autres personnes qui voudraient y assister. A cette époque, le mois de Marie ne se faisait pas encore solennellement dans la paroisse ; il en fut donc comme l'initiateur. A un angle de sa classe, il construisit un petit autel surmonté d'une statue de la très-sainte Vierge, puis il commença.

« J'avais dans mon bréviaire », nous dit son frère, « une feuille renfermant une prière de saint François de Sales à la très-sainte Vierge, dans laquelle il y avait ces paroles : « *Ne dites pas que vous ne pouvez pas*, etc. » Je la lui communiquai, il la trouva très-belle ; il l'adopta, elle plut beaucoup ; il en demanda des copies.

En commençant les exercices, il n'avait que quelques personnes avec ses plus grands écoliers. Mais peu à peu l'assistance augmenta, et, à la fin du mois, la salle de classe était devenue trop petite ; on fut obligé d'ouvrir les portes et les fenêtres, afin que ceux qui ne pouvaient pas entrer eussent la facilité d'entendre. Me trouvant en vacances, j'y ai assisté plusieurs fois, et j'ai été édifié de la piété qui y régnait. Ce fut comme son testament avant de partir : il léguait la dévotion à la très-sainte Vierge, à la paroisse qu'il aimait et qu'il quittait. »

Il avait hâte de partir, les témoignages d'affection qu'il recevait étaient une fatigue pour lui ; les trois ou quatre mois qui le séparaient de la fin de l'année scolaire lui paraissaient trop longs. Comme la classe n'était pas très-nombreuse en été, il obtint de son père qu'il vînt le remplacer pour ce temps-là ; il fit agréer cet arrangement à la commune, ainsi que le silence forcé de l'orgue, et il fixa son départ au 17 juin 1837. Ce jour arrivé, il se leva de très-grand matin, et partit sans bruit.

Dès son entrée au noviciat, Just Paget se fit remarquer par le sérieux qu'il apportait à tous ses exercices. Il acquit bientôt l'estime et le respect de ses compagnons et même de ses supérieurs, qui, voyant un tel début, l'admirent à revêtir le saint habit, dès le 2 juillet, fête de la Visitation de la très-sainte Vierge, après quinze jours à peine de postulat. Il reçut le nom de frère Jean-Olympe, et c'est sous ce nom, désormais en vénération dans notre Institut, que nous allons maintenant le suivre et l'étudier pendant le cours de toute sa carrière religieuse.

La divine Providence qui destinait le très-cher frère Jean-Olympe à diriger un grand nombre d'âmes dans les voies du salut, ne lui épargna point l'épreuve. Interrogé par l'un de ses frères s'il ne s'était pas ennuyé dans les premiers jours, il répondit avec la franchise qui le caractérisait, que, plus d'une fois, il avait été tenté de s'en retourner chez lui.

Dans une autre circonstance, il racontait à quelques frères que, se trouvant, contre son attente, pendant son noviciat, en contact avec quelques jeunes gens qui étaient loin de prendre au sérieux les exercices qu'on y faisait, il se sentit porté à l'ennui et au dégoût; et qu'il y aurait infailliblement succombé sans le secours et l'aide de Dieu.

Doué d'une grande fermeté de caractère, le très-cher frère Jean-Olympe ne devait pas tarder à triompher du trouble et des hésitations qu'il avait éprouvés et qui, comme nous venons de le voir, provenaient surtout de son appréhension de ne pas rencontrer

2

ce que son cœur cherchait : les moyens de travailler sérieusement à sa perfection. Il s'en ouvrit au frère directeur : les conseils et les avis de celui-ci dissipèrent bientôt ses craintes et ramenèrent le calme dans son âme.

Ce calme une fois rétabli, le novice parut marcher à pas de géant dans la carrière de la vertu, à tel point que, ayant la fin de son noviciat, le frère directeur, à la grande satisfaction des novices, lui confia les fonctions de sous-directeur. Dès lors, on le vit travailler davantage encore à son avancement spirituel, tout en contribuant à celui des autres.

Son noviciat terminé, le très-cher frère Jean-Olympe fit la classe à Lyon pendant quelques mois seulement. Dieu permit que celui qui, dans le département du Doubs, passait pour un des meilleurs maîtres, n'obtînt pas chez nous le succès qu'on attendait de lui sous ce rapport : la Providence le réservait pour un autre emploi, non moins important, comme nous le verrons bientôt.

Après l'émission de ses vœux triennaux, en 1839, il fut appelé de nouveau au noviciat en qualité de sous-directeur. Le 12 septembre 1841, il était admis à la profession, et fut chargé de la direction de notre noviciat de Lyon, jusqu'au mois d'octobre 1850.

Alors, il s'occupa uniquement des moyens de former ses novices à la double fin à laquelle ils sont appelés : leur propre perfection et l'éducation des enfants. Aidé des conseils du R. P. Fouillot, dont nous avons déjà parlé, il sut si bien mettre à profit ces conseils et les avis contenus dans le directoire de nos noviciats, qu'il aida efficacement à procurer de bons sujets au district de Lyon.

Nous allons essayer de résumer ici les nombreux témoignages que nous avons reçus de ses anciens novices : tous sont unanimes à le présenter comme un modèle de piété, de zèle, de régularité, de mortification, de charité, poussée jusqu'au dévoûment ; de bonté, mêlée d'une prudente fermeté.

Rude et difficile était la part échue au nouveau directeur dans le champ du Père de famille : former à la vie religieuse les cent cinquante novices que comptait alors notre noviciat de Lyon, n'était pas, en effet, une charge légère ! Et néanmoins il y suffit pendant plusieurs années consécutives. Présider tous les exercices, entendre les redditions, faire les conférences, etc., etc., ne parut pas au-dessus de son courage, car nul ne le vit jamais faillir à aucun de ses devoirs.

« On peut affirmer, sans crainte de se tromper, » nous écrit un de ses anciens novices, « que tous les enfants spirituels du très-cher frère Jean-Olympe lui portaient une affection illimitée. Aussi avec quel bonheur, ils la lui témoignaient toutes les fois que l'occasion leur en était offerte ! Une des plus fréquentes et des plus favorables était le moment de la récréation. Il fallait voir avec quelle joie ils l'entouraient alors pour l'entendre parler de Dieu, ou pour recueillir quelques-unes de ces charmantes petites anecdotes, tout à la fois instructives et amusantes, dont sa mémoire était si riche. La plupart avaient trait à quelques faits arrivés dans l'intérieur même du noviciat : elles n'en avaient que plus d'attraits pour eux ; et tous, sans s'en apercevoir, recevaient ainsi, tout en se récréant pieusement, avec la semence des vertus de leur état, la rosée qui devait la féconder.

« L'amour appelle l'amour : Si les novices du très-cher frère Jean-Olympe l'aimaient, c'est que, lui aussi, avait pour eux les sentiments du meilleur des pères à l'égard de ses enfants ; nul n'était exclu de son cœur. S'il y en avait qui fussent l'objet d'une attention plus particulière : c'étaient ceux qui éprouvaient quelques peines physiques ou morales, et les plus jeunes, c'est-à-dire les moins expérimentés. Il portait aux premiers la plus tendre compassion ; il avait pour les seconds les soins délicats et minutieux d'une mère à l'égard de ses plus petits enfants.

Sa direction spirituelle fut toujours marquée au coin d'une profonde sagesse, résultant de sa grande connaissance des âmes, et quand il avait le bonheur de rencontrer quelques-unes de ces âmes d'élite qui comprennent et goûtent les choses de Dieu, il savait les faire monter à des degrés très-élevés de perfection. Il possédait les deux talents qui semblent les plus propres à obtenir ce résultat : celui de communiquer facilement aux autres le goût de l'oraison, et celui de leur faire aimer et pratiquer la mortification, surtout celle de l'amour-propre. Il ne se trompait guère en cette matière dans sa direction.

Les qualités du très-cher frère Jean-Olympe, son habileté dans la direction des âmes attirèrent sur lui l'attention de ses supérieurs, qui le choisirent pour former un district à Besançon, et y établir un noviciat : ce qui eut lieu en 1850.

Ce fut alors que commença pour lui une vie de sacrifices et de privations de tout genre : il lui fallut pourvoir aux besoins de sa famille naissante. A partir de ce moment, on le vit se multiplier, passer huit, dix jours en visite dans quelques maisons, en rapporter tantôt un matelas, tantôt quelques couvertures, un traversin, etc.

Il avait bien soin de procurer à chacun des frères, les lits et autres meubles dont ils avaient besoin ; mais pour lui, il couchait dans un tiroir de commode, de trente centimètres plus court que son corps, et dans lequel il avait fait mettre une espèce de matelas et quelques vieilles couvertures.

Après avoir voyagé, le plus souvent à pied, par les temps les plus mauvais, il advenait fréquemment qu'arrivé trop tard dans une localité, et ne voulant pas déranger la communauté, il passait le reste de la nuit sous le porche d'une église.

La maison de Besançon se trouvant trop petite pour loger tout le personnel, il lui fallut chercher ailleurs. En 1852, au mois de décembre, le noviciat fut transféré à Neurey-la-Demie (Haute-Saône).

Ses visites étaient régulièrement faites dans chaque maison : on était heureux de l'y voir arriver, car partout, il apportait le bonheur et la paix, et ajoutait à l'onction de sa parole, l'effet plus puissant encore de ses exemples ; aussi laissait-il en partant un parfum de régularité et de ferveur, et, dans chaque frère, le désir de se perfectionner de plus en plus.

« Pendant les trente et quelques années que j'ai passées sous sa direction, » nous écrit un de nos chers frères, aujourd'hui visiteur, « je n'ai jamais vu le très-cher frère Jean-Olympe dévier un instant de la ligne du devoir. Toujours je l'ai remarqué bon et simple, mais ferme et constant.

« Sa simplicité, à la fois aimable et digne, le faisait estimer de tous ceux qui le connaissaient ; aussi le clergé de nos contrées, avec lequel il se trouvait fréquemment en rapport, le regardait-il comme un saint religieux, et n'en parle-t-il aujourd'hui qu'avec vénération. »

Il se montrait bon avec les frères : il savait leur faire un plaisir, leur ménager une surprise agréable ; mais il était ferme dans l'exécution du devoir, persévérant dans les moyens employés pour l'obtenir. Jamais on ne le voyait faiblir, ni transiger quand il s'agissait de la régularité, de l'obéissance, du respect envers l'autorité, de l'union fraternelle.

Il poussait à l'extrême l'insouciance de sa propre personne ; on rapporte que, dans une certaine communauté de son district, le directeur, qui le connaissait beaucoup sur ce point, avait toujours soin de tenir à sa disposition une paire de souliers, et même une paire de bas, convaincu que ceux du frère visiteur étaient hors de service, et rarement il se trompait. On peut donc inférer de tout ce qui précède que son unique préoccupation était de se sanctifier et de sanctifier les autres, par les pratiques de la vie commune, et non par des choses d'éclat. Etre ignoré en faisant le bien : voilà ce qu'il cherchait.

Appelé à faire partie du Chapitre général de 1858, le très-cher frère Jean-Olympe fut élu dixième assistant, le 11 juillet, en conséquence d'un rescrit émané du Saint-Siége, qui permettait d'élever à dix le nombre des assistants. Cet honneur, auquel il était loin de s'attendre, ne servit qu'à rendre plus évidents encore son mérite et sa vertu, et à l'acheminer, sans qu'il s'en doutât, à la première dignité de l'Institut.

Chargé, en sa nouvelle qualité, d'administrer les districts de Besançon, de Thionville et la province

de l'île de la Réunion, il le fit avec ce zèle, ce dévoue-
ment et cette exactitude que nous avons déjà eu occasion d'admirer. Ici encore les témoignages abondent :
nous nous bornerons à les citer.

« Le district de Thionville (aujourd'hui de Reims)
n'oubliera jamais le bien qui lui a été fait par le très-
cher frère Jean-Olympe. Sa mortification, son abnégation, l'empire sur soi-même, qu'il n'avait dû ac-
quérir qu'au prix de sacrifices constants ; sa piété
angélique et son zèle à l'inspirer aux autres, faisaient
de lui un religieux modèle.

« La sanctification des frères était l'objet continuel
de ses préoccupations. Malgré une lenteur appa-
rente, il était d'une grande activité : il faisait beaucoup de besogne, sans en avoir l'air. Son âme si
belle et si bonne éprouvait un bonheur indicible à
faire plaisir, à rendre service à quelqu'un. Il ne
vivait pas réellement pour soi, mais pour les autres.

« Je dois à la mémoire du vénéré frère Jean-
Olympe », nous écrit le frère directeur de Beauregard
(aujourd'hui de Longuyon), « d'attester que, pendant
les six ans qu'il a correspondu avec nous, chacune
de ses réponses à nos redditions, comme chacune des
visites qu'il nous faisait, nous apportait non-seulement le bonheur et la joie, mais devenait pour nos
âmes une source de mérites et de bénédictions. Aussi
l'aimions-nous, le vénérions-nous comme le plus
tendre des pères, et avions-nous en ses lumières et
ses conseils la confiance la plus entière.

« Pour moi », ajoute le cher frère visiteur, « le très-
cher frère Jean-Olympe était un Jean-Baptiste, par
sa mortification ; un ange, par sa piété ; un directeur

spirituel consommé, plein de prudence et de fermeté dans sa direction. Quel zèle il déployait en toutes choses, surtout pendant les retraites ! Quel fonds de spiritualité dans ses conférences !

« Trente-deux ans durant, » nous écrit le frère directeur du pensionnat de Dijon, « j'ai eu occasion d'entendre des conférences du très-cher frère Jean-Olympe, eh bien ! Jamais je n'ai éprouvé de lassitude à l'écouter ; loin de là, il me semblait au contraire l'entendre chaque fois avec un intérêt nouveau et croissant. Il en était de même pour les autres frères, qui semblaient comme suspendus à ses lèvres, et pourtant tous l'avaient entendu maintes et maintes fois.

« Dans ses réponses aux redditions, il semblait ne jamais se répéter ; il savait trouver et deviner le fond même des choses. Et tout se disait ou s'écrivait avec un laisser-aller apparent, une simplicité charmante. C'est surtout avec son cœur qu'il parlait ou écrivait ; son secret était là tout entier.

« On l'aurait fort mal jugé de prime abord : il apparaissait réservé, froid, difficile, presque dur ; mais c'est tout l'opposé que l'on découvrait dans les rapports que l'on avait avec lui : sa bonté, sa condescendance, sa commisération, sa tendresse, sa longanimité n'avaient pas de bornes.

« Quel n'était pas son respect pour le très-honoré frère Philippe et pour ses collègues, nos très-chers frères assistants ! Pour lui, le Régime était un cénacle, une assemblée sainte et sacrée, digne de tous nos respects, de toute notre vénération, de toute notre obéissance.

« Pour lui encore, après la sainte Eglise, notre

Mère, l'Institut était tout. Quand il avait dit : « l'Institut le demande ; c'est pour le plus grand bien de l'Institut », il ne lui restait rien à dire : c'était la gloire de Dieu, la glorification des œuvres de Jésus-Christ, la voie de la sainteté, en un mot, Dieu agissant et commandant par la voix des supérieurs. »

Nous n'en finirions pas, nos très-chers Frères, si nous voulions rapporter en détail tous les faits consignés dans les diverses notes qui nous ont été envoyées, et pourtant, il faut nous restreindre et arriver à la période, malheureusement trop courte, du généralat de notre vénéré défunt.

Le 9 avril 1874, le chapitre général investissait le très-cher frère Jean-Olympe de la première charge de notre Congrégation.

Vous savez, nos très-chers Frères, combien ce choix rencontra de sympathies, ou plutôt avec quel enthousiasme le nouveau supérieur fut acclamé.

L'émotion était aussi profonde que générale : tous, nous sentions qu'un père nous était donné, et nous ouvrions nos cœurs aux plus douces espérances.

Quant à lui, il se résigna d'une manière admirable à la volonté de Dieu, et accepta avec calme, comme une victime qui se sacrifie, le fardeau qu'on venait de lui imposer.

Son premier acte fut de demander aux capitulants de vouloir bien réciter avec lui un *de profundis* pour son illustre et regretté prédécesseur ; et sa première visite dans la maison fut pour les malades retenus à l'infirmerie : c'est par l'exercice de la charité qu'il inaugurait son généralat.

Tous nous applaudissions, et nous répétions avec le très-cher frère Calixte, notre vénérable doyen, de

2.

si sainte mémoire : « Ce n'est pas le cher frère Jean-Olympe qu'il faut féliciter, mais bien l'Institut qui a su faire un si bon choix. »

Il en fut de même de vous, nos très-chers Frères, qui eûtes hâte d'exprimer au nouvel élu la joie que vous causait son élection, et de lui offrir vos hommages de religieuse et filiale soumission.

Nous savons qu'il fut profondément touché de cet empressement et de cette unanimité. Ils lui étaient une assurance que, si Dieu le chargeait d'un si lourd fardeau, il lui donnait en même temps un puissant auxiliaire dans le concours de votre bonne volonté.

Il dirigea tout d'abord son attention et ses efforts vers les besoins spirituels de la Congrégation ; et parmi les améliorations importantes dont il se préoccupa, nous signalerons la retraite des visiteurs, dont son digne prédécesseur avait eu déjà l'initiative, et celle des directeurs de nos noviciats. Il voulait que les frères chargés de l'administration temporelle et spirituelle des districts, et ceux à qui est confiée la formation de nos nouveaux sujets se réunissent pour suivre, sous sa présidence, les saints exercices qu'ils étaient appelés pour la plupart à donner à leurs subordonnés. Il voyait dans ces réunions un moyen efficace d'entretenir la ferveur, et de maintenir l'unité d'esprit dans l'Institut.

Dans le même but, il vous adressa, nos très-chers Frères, trois circulaires, dont deux ont rapport aux vertus religieuses, et l'autre à son voyage à Rome. Or, vous savez en quels termes il parlait dans les deux premières des obligations de notre sainte vocation, et avec quelle instance il recommandait la fidélité aux petites choses, l'observance de la Règle, la séparation d'avec le monde, l'obéissance religieuse.

Tous ceux de nos chers frères qui ont eu le bonheur de suivre les retraites qu'il a présidées, ont été saintement impressionnés par ses conférences, dans lesquelles il prémunissait contre tout ce qui, de près ou de loin, pouvait être en opposition avec nos devoirs, ou un obstacle à notre avancement; et, par l'exemple qu'il y a donné d'un zèle ardent, dévoué, infatigable, ne se proposant que le bien général, et le réalisant quoi qu'il lui en coûtât de peines et de fatigues. ·

Les retraites terminées, il se hâta d'aller à Rome présenter au Saint-Père ses hommages de filial dévoûment, et ceux de notre Congrégation. Vous savez avec quelle paternelle bonté il fut reçu du Souverain Pontife : nous n'avons donc pas à revenir sur ce sujet, puisque vous avez le récit détaillé de son voyage. Toutefois nous rappellerons une pensée qu'il s'est plu à développer à son retour, dans une conférence aux frères de notre maison-mère.

« Dans tous les témoignages d'affection que m'a donnés Pie IX, disait-il, c'est l'Institut qu'il avait en vue d'honorer. S'il n'eût pas été certain que l'esprit religieux y règne, et que nous nous efforçons d'atteindre le but de notre vocation, il ne m'aurait pas reçu si cordialement... Aussi, tout le temps de mon séjour à Rome, me suis-je oublié moi-même pour ne songer qu'à l'Institut. »

En décembre dernier, le très-cher frère Jean-Olympe, à l'exemple de son illustre prédécesseur, adressait au Saint-Père, à l'occasion des joyeuses fêtes de Noël, suivant la pratique de Rome, les vœux et les souhaits de tous les membres de notre

Institut : voici la réponse qu'il en reçut en février, et qu'il s'était proposé de vous communiquer à la première occasion. Vous y verrez une nouvelle preuve de la paternelle bonté du saint et bien-aimé Pontife à l'égard de notre chère Congrégation et de son digne Chef.

A notre bien-aimé fils, JEAN-OLYMPE, *Supérieur-Général de la Congrégation des Frères des Ecoles chrétiennes, à Paris.*

25 février 1875.

Bien-aimé Fils, salut et bénédiction apostolique,

« La vénération de votre éminent prédécesseur pour ce Saint-Siége apostolique, ô bien-aimé Fils, fut toujours si profonde, et il déploya tant de zèle pour inculquer ses sentiments à toute sa religieuse famille, que Nous ne sommes pas étonné que vous, qui pendant longtemps avez été son coopérateur dans cette Œuvre, comme dans toutes celles de sa charge, vous soyez animé du même esprit de piété et de respectueux attachement. Aussi est-ce avec une grande joie que Nous reçûmes les vœux qu'en votre nom et en celui de votre Congrégation, vous Nous exprimez dans votre lettre, assuré que Nous sommes qu'ils s'élèvent véhéments du plus intime de vos cœurs. Ils Nous sont d'autant plus chers qu'ils ne se renferment pas dans les limites de la simple expression des sentiments d'un cœur qui Nous est tout dévoué, ni dans des secours de prières et d'aumônes, mais que, traduits en œuvres par un enseignement plein de zèle, ils Nous attirent l'affection d'innombrables enfants.

qui, solidement nourris de la doctrine catholique, sont éloignés du péril de la corruption.

« Et, comme les Frères des Ecoles chrétiennes ont toujours accompli avec soin et diligence une si sainte Œuvre, Nous avons la confiance qu'ils s'y adonneront avec plus d'empressement encore maintenant, que, approuvées par un jugement solennel, les vertus de leur Vénérable Père, qui se dévoua tout entier à une si grande Œuvre, leur donnent une nouvelle impulsion pour étudier ses exemples, et pour opérer selon le modèle qui leur a été donné. Et, afin qu'ils puissent, avec l'aide du Ciel et de la grâce particulière de leur vocation, obtenir plus facilement et plus efficacement un si grand bien, comme gage des faveurs divines et des dons célestes, Nous vous donnons, avec toute Notre affection paternelle, à vous, bien-aimé Fils, et à toute la Congrégation que vous dirigez, la Bénédiction Apostolique.

« PIE IX, PAPE. »

Peu de jours avant qu'il tombât malade, le très-cher frère Supérieur, sans cesse préoccupé des moyens de travailler à notre sanctification, se proposait de vous adresser quelques mots d'édification, dont nous avons sous les yeux les notes manuscrites. Nous allons, nos très-chers Frères, vous les communiquer: ce sera pour nous une voix d'outre-tombe nous donnant ses derniers enseignements.

Parlant des pèlerinages qui s'accomplissent de nos jours: « Combien, disait-il, ne sont-ils pas de nature à édifier les fidèles ! quel antidote contre le respect humain !

« Ce défaut, il est vrai, n'est point la plaie des communautés, et l'Église ne compte pas sur les religieux pour augmenter le nombre des pèlerins. Mais n'ont-ils pas leur part de réparation à présenter à Dieu pour les péchés d'autrui, et aussi pour leurs fautes personnelles, qui blessent, hélas! si profondément le Cœur de Jésus?

« Pour nous, la voie à suivre consiste dans l'exactitude, la fidélité à nos Règles ; dans la séparation du monde, et dans l'union à Notre-Seigneur. Il faut, pour apaiser la colère de Dieu, faire le plus grand cas de la soumission, de l'obéissance, en un mot, d'une vie toute de dépendance et de sujétion.

« En agissant ainsi, nous obtiendrons sûrement que Dieu, qui sauve les coupables en faveur des justes, exerce sa miséricorde, mette un terme aux malheurs qui nous frappent, et éloigne de nos têtes ceux qui nous menacent.

« Parfois, il s'élève des persécutions contre les religieux. C'est à ceux-ci à se demander, en présence de Dieu et de leur conscience, s'ils ne se les sont point attirées, soit par la violation de leurs Règles, soit en s'éloignant du but de leur institution. Examinons-nous, et, s'il y a lieu, hâtons-nous de redresser nos voies. »

Vous le remarquez comme nous, nos très-chers Frères, le Très-Honoré revenait avec insistance et à toute occasion sur la fidélité aux Règles.« Là, disait-il, est indiquée la volonté de Dieu; nos Règles sont le sentier qu'il veut que nous suivions. »

« Mettons-nous en garde, ajoutait-il, contre l'esprit du monde, esprit d'indépendance et de propre volonté, qui fait sortir des voies que Dieu a tracées aux hommes; esprit d'égoïsme et de sensualité, qui cherche les avantages matériels et les jouissances terrestres; esprit de curiosité, qui veut tout voir, tout entendre.

« Que le *libéralisme* ne s'introduise jamais parmi nous. Hélas! si l'on n'y prend garde, il se glisse bientôt dans les communautés. On prend de ses devoirs ce qui plaît, et l'on rejette ce qui gêne. N'oublions jamais que le religieux est un enfant d'obéissance, sinon il n'est pas religieux. »

Le très-cher frère Supérieur ne concevait notre vie que comme l'entier sacrifice de la volonté propre et des recherches de la nature. « Ce serait, disait-il, une monstruosité de voir un religieux dont la propre volonté guiderait la conduite; qui ne respecterait pas profondément les Règles et les supérieurs; qui ferait entendre des plaintes; qui, au lieu de demander humblement des permissions, agirait de lui-même; qui traiterait de minuties les règles du vœu de pauvreté...

« Ne cédons point à la curiosité: en voyant le monde, nous ne pouvons que perdre l'esprit de Dieu, qui seul doit nous animer. Veillons sur nos yeux, afin de prévenir les tentations. Evitons soigneusement toute familiarité avec nos élèves; respectons-les comme les temples de Dieu. »

En parlant des enfants, le Très-Honoré rappelle surtout le grand devoir que nous avons de les former à la connaissance, à l'amour et à la pratique de la religion. « Comprenons notre mission et les devoirs qu'elle nous impose: gardons-nous de traiter avec indifférence l'étude du catéchisme. Persuadons-nous bien que négliger l'instruction religieuse, ce serait entrer dans l'esprit du siècle, seconder la *ligue de l'enseignement*, concourir en quelque sorte à l'œuvre infernale qui tend à rendre l'instruction indifférente ou athée.

« Quel désordre ne serait-ce pas, si, prenant tant de soin pour l'enseignement profane, nous n'étions pas animés d'un véritable zèle pour l'enseignement religieux, qui lui est d'autant supérieur que le ciel est élevé au-dessus de la terre. Quelle responsabilité, si, par notre faute, un de nos élèves ne connaissait pas suffisamment sa religion à son entrée dans la vie sociale, où peut-être on ne lui en parlera jamais, sinon pour la blasphémer.

Le très-cher frère Jean-Olympe appelle de nouveau notre attention sur l'exacte observance de nos saints engagements. « La pratique de nos vœux, dit-il, nous sépare du monde et nous rapproche de Jésus-Christ. Elle fait de nous, selon l'expression de l'Evangile, *le sel de la terre* et nous méritera d'être *assis un jour sur des trônes pour juger les nations*. (S. Matth. v, 13; XIX, 28.) »

Vous voyez, nos très-chers Frères, par ces citations, comment notre regretté défunt entendait la pratique de la vie sainte à laquelle nous sommes appelés. En cela, il n'était que le fidèle écho de ses vénérables prédécesseurs, depuis le frère Philippe jusqu'à notre saint fondateur.

Nous avons en main un autre monument qui nous manifeste les richesses de spiritualité qu'il possédait en son âme. Ce sont ses résolutions de la retraite dernière, écrites de sa propre main en forme de notes. Les voici dans leur expression même :

« Etude de Jésus-Christ, méditation de la vie de

Jésus-Christ; direction du cœur, regards fréquents, attentifs, amoureux vers Jésus-Christ: ce sera là le sujet de mon examen.

« Attribuer à Dieu tout bien, tout succès; lui renvoyer tout bien, et toute estime. Considérer toute déférence au supérieur, comme un hommage à Dieu, dont il est le représentant.

« M'humilier souvent devant Dieu ; accepter avec calme les humiliations, les contrariétés, les persécutions.

« Tout attendre de Dieu, prier beaucoup, ne rien entreprendre de sérieux sans le consulter.

« Zèle pour ma mission, me rappelant qu'elle vient de Dieu, et qu'il ne me l'a donnée que pour travailler à sa gloire, et particulièrement à la sanctification des frères. »

On voit, par ce qui précède, que le très-cher frère Jean-Olympe ne concevait la vie religieuse que comme une étroite union à Jésus-Christ, et une entière abnégation de soi-même : tout en lui a été conforme à cette pensée. Il a pu dire en toute vérité avec l'Apôtre : *Jésus-Christ est ma vie* (Philip. I, 21), et ajouter ces paroles qu'il a répétées plusieurs fois : « Ma personnalité n'est rien ; la Congrégation est tout. »

En vue de conserver et de ranimer dans notre Institut la ferveur, la régularité et le zèle, il s'est adonné à un travail incessant et même excessif. Il a voulu au prix de son repos, de sa santé, de sa vie même, satisfaire pleinement à tout ce qu'il croyait non-seulement un devoir, mais une convenance de sa charge.

Parmi les œuvres de surérogation auxquelles il se 'ivrait, nous mentionnerons ici les conférences qu'il faisait, non-seulement à nos chers frères de la maison-mère, mais encore dans nos communautés de Paris. Le plus souvent, elles avaient pour objet l'esprit intérieur, la régularité, le respect pour le lieu saint, et la pratique du vœu de pauvreté. Il avait commencé une série d'instructions sur ce dernier sujet, quand la maladie est venue le frapper.

Sa parole était simple, mais toujours empreinte de la plus vive conviction ; aussi édifiait-elle profondément ceux qui avaient le bonheur de l'entendre.

Son but pour ainsi dire unique a été de maintenir et de raviver l'esprit intérieur et l'exacte régularité : persuadé que c'est là ce qui fait toute la vitalité d'une congrégation, et ce qui peut seul attirer sur elle les bénédictions de Dieu.

Parmi les moyens qu'il a employés se présente tout d'abord l'exemple : si déjà il s'était montré, dans les différentes positions où l'avait placé l'obéissance, une sorte de règle vivante, il l'a été plus encore dans sa charge de supérieur !

Un de nos chers frères, lui représentant un jour qu'il se fatiguait trop... « Eh ! qu'importe, lui répondit-il, pourvu que le bien se fasse ? Mourir un peu plus tôt ou un peu plus tard, c'est bien indifférent. Quand on travaille pour Dieu, faut-il donc y regarder de si près ? »

Pour lui, en effet, devait bientôt sonner l'heure où le Père de famille allait l'appeler pour le récompenser de la trop courte, mais si laborieuse journée de son généralat, pendant laquelle il avait pu, non-seulement maintenir la Congrégation dans l'état où il l'avait trouvée, mais lui donner un nouvel essor dans la voie de perfection, intérieure surtout, qu'elle doit suivre pour opérer le bien qui lui est propre.

Dans notre lettre circulaire du 17 avril dernier, nous vous disions brièvement, nos très-chers frères, quelle avait été la marche rapide de la maladie mortelle du très-cher frère supérieur. Aujourd'hui nous ajoutons à ce précis les détails qui suivent :

Le vendredi, 9 avril, après l'exercice qui se fait d'ordinaire à la chapelle, à 1 heure de l'après-midi, le très-honoré frère Jean-Olympe, à qui ce jour et cette heure rappelaient le moment où la divine Providence lui avait imposé la charge, aussi difficile qu'honorable, de la supériorité, voulut passer en méditation quelques moments à cette même place d'honneur où, depuis un an, il donnait habituellement de si remarquables exemples de ponctualité et de ferveur.

Que se passa-t-il dans ce colloque avec le Bien-Aimé de son âme? Sans doute, le pieux supérieur la répandait tout entière devant le divin Maître, le priant de verser ses bénédictions les plus abondantes sur l'Institut, sur nous tous qui le composons, aussi bien que sur la multitude des enfants et des élèves de tout âge auxquels nous consacrons, en vue de plaire à Dieu, notre temps et nos soins...

Peut-être encore, le digne supérieur, durant cette méditation extraordinaire, offrit-il au souverain Pasteur des âmes l'hommage des travaux qu'il s'imposait pour la gloire de sa divine Majesté, pour le maintien de la discipline régulière, pour le renouvellement de la ferveur et pour l'accroissement parmi nous, de l'esprit religieux et de l'amour de notre saint état...

Peut-être enfin, dans son humilité profonde, supplia-t-il le Seigneur, également pour sa plus grande gloire, de le décharger du fardeau de la supériorité ou d'abréger le temps de l'épreuve...

Quoi qu'il en soit de ces suppositions, il est permis de croire, en considérant les événements qui suivirent, que, dans ce doux épanchement de son âme au pied des saints autels, il eut peut-être un secret pressentiment de la prochaine arrivée du céleste Époux.

Dès le lendemain dc cette méditation, faite à une heure inaccoutumée, le T.-H. F. supérieur éprouva, pendant la messe de 6 *heures*, des frissons, qui furent suivis d'un malaise inexplicable, par suite duquel il dut se reposer, de midi à trois heures.

Le dimanche, de grand matin, il crut devoir demander s'il pouvait se lever à l'heure ordinaire, puis se rendre à la chapelle, pour y satisfaire à ses exercices, entendre la sainte messe et avoir le bonheur de communier. Afin de prévenir toute hésitation de la part de ceux qui avaient à lui répondre sur ce point, le T.-C. F. supérieur ajouta qu'il avait, à son avis, passé une bonne nuit, et qu'il ne souffrait presque plus.

Nonobstant cette observation, on trouva utile de le prier respectueusement de rester au lit jusqu'à la visite du médecin, lequel arriva presque immédiatement, et n'eut, pour lors, qu'à constater une indisposition sans fièvre, qu'un repos de quelques jours pourrait probablement dissiper. Alors, comme pendant tout le cours de sa maladie, notre vénéré malade entra avec la plus touchante soumission dans les vues de M. le docteur et dans celles même de nos chers frères infirmiers, auxquels il ne demanda rien, et ne refusa rien non plus : ne voulant toujours que ce qu'on voulait, et comme on le voulait.

Le dimanche soir, se manifestèrent un peu de fièvre et un commencement de pleurésie sèche. — Le lundi, une pneumonie de la base du poumon droit se déclara, et, ce jour même, eut lieu une consultation de trois célébrités, dont le résultat fut assez satisfaisant.

Le malade, dont le premier accès de fièvre et le commencement de pneumonie avaient tout d'abord considérablement diminué les forces et troublé les idées, les recouvra de telle sorte, qu'il se mit à dire avec son calme accoutumé : « Je ne ressens plus « rien ; me voilà guéri, et je vais pouvoir reprendre « mes occupations. »

Il s'entretint avec plusieurs membres du Régime, leur parla même des préparatifs concernant l'érection du monument par lequel la ville de Rouen veut honorer la mémoire de notre vénérable fondateur ; ensuite il dit à ceux qui l'entouraient, probablement pour les tranquilliser sur son état : « Ces jours « derniers, les exercices de communauté m'étaient « devenus comme impossibles ; à tout instant, je les « recommençais, sans pouvoir les terminer. Mais, « aujourd'hui, je peux les suivre sans difficulté. »

Cependant, à vrai dire, nous ne pouvions guère, à moins d'un secours extraordinaire du Ciel, espérer la guérison d'une affection naturellement si grave.

Le mercredi matin, la fièvre reparut plus intense, et la pneumonie, qui d'abord n'affectait que la base du poumon, s'étendit à toute la moitié de cet organe. — A l'occasion de cette recrudescence, une nouvelle consultation fut provoquée chacun des autres jours de la maladie, et les prescriptions médicales furent de plus en plus scrupuleusement mises en pratique.

Informé de la marche menaçante de sa maladie, le T.-C. F. supérieur profita prudemment et sur-le-champ du peu de forces et de lucidité d'esprit qui lui restaient encore, pour mettre ordre à certaines affaires urgentes qui le préoccupaient; après quoi, se recueillant de nouveau, il se contenta de répondre simplement aux questions nécessaires qui pouvaient lui être adressées, et de redire les oraisons jaculatoires que de temps en temps on lui suggérait.

Dans la soirée de ce même jour, le malade demanda à voir son confesseur, qui s'empressa de répondre à son désir. Quelques heures après, il eut la consolation par excellence de recevoir des mains de M. l'aumônier, l'Extrême-Onction et le saint Viatique, en présence de tous les membres du Régime et d'une assistance nombreuse et attendrie.

Venait-on à interrompre soit son *assoupissement,* soit ses entretiens intérieurs avec Dieu, lorsque le moment était venu de prendre telle potion ou de faire usage de tel remède, jamais, de la part du malade, la moindre marque d'improbation : « Tout ce que vous « voudrez, disait-il ; faites bien librement ce que vous « croyez le plus convenable. »

Le jeudi, tout le poumon se trouvait envahi. Vers midi, le malade reçut la visite de son frère aîné, curé d'une paroisse du diocèse de Besançon. Pour ces deux cœurs, quelle entrevue à la fois triste et consolante! Elle dut leur être d'autant plus salutaire à tous deux, que le bon prêtre, dès son arrivée et avant de se présenter devant son cher malade, était monté au saint autel (vers onze heures), dans le dessein de recueillir du divin sacrifice les grâces de force et de résignation qui pouvaient leur rendre, à l'un et à l'autre, cette visite profitable à tous égards.

Le vendredi matin, un mieux apparent se manifesta ; mais ce qui surtout causa une joie exprimable au T.-H. F. supérieur, ce fut la nouvelle que le Souverain-Pontife, l'auguste Pie IX, daignait lui envoyer la bénédiction apostolique. Déjà vous savez, N. T. C. F., avec quelle exclamation de bonheur il accueillit cette annonce inattendue : « Oh ! le Pape !.. Qu'il « est bon, le Pape ! le bon Pape ! » — Ainsi que nous vous l'avons également déjà fait savoir, notre bien-aimé malade se montra aussi très-sensible à l'honneur que voulut bien lui faire Son Em. le cardinal-archevêque de Paris, en le visitant sur son lit de douleur.

Ce même jour, notre médecin ordinaire eut à constater, avec tristesse, l'envahissement du poumon gauche. Alors s'évanouit la dernière lueur d'espérance de sauver les jours de notre très-cher frère supérieur.

Le soir, vers quatre heures, il se confessa de nouveau, dans l'intention de gagner la précieuse indulgence du Jubilé. Ensuite, jouissant de toute sa connaissance, il reçut, des mains de M. l'abbé Paget, son frère, et pour la dernière fois, le gage divin de la vie éternelle.

Pendant toute la nuit, deux infirmiers et deux autres frères continuèrent à prodiguer leurs soins au vénéré malade, tout en appelant sur lui, par leurs prières, le secours de Dieu.

Le samedi matin, vers une heure trois quarts, la respiration devenant plus difficile, on appela sur-le-champ, avec les membres du Régime, M. l'aumônier et M. l'abbé Paget, qui avaient, chacun, passé la nuit dans une pièce voisine. Tous, arrivés en même temps auprès du pieux mourant, n'eurent, pour toute consolation, que celle de l'entendre, encore une fois, compléter l'expression de notre souhait béni : *Vive Jésus dans nos cœurs*, en répondant intelligiblement : « *A jamais!* »

Quelques instants après, dans un léger effort d'aspiration, et sans agonie, l'âme si généreuse et si fervente de notre digne Supérieur-Général s'envola dans le sein de Dieu.

La dépouille mortelle de notre bien-aimé défunt a été transportée de la chambre mortuaire, comme cela se pratique d'ordinaire, dans une salle du rez-de-chaussée, dite *du Vénérable de la Salle*, où elle est restée exposée pendant deux jours, et a été visitée par une affluence considérable de personnes de tout âge, de toutes conditions, non compris bon nombre d'élèves de nos classes, conduits par leurs professeurs.

Nos frères venaient également tour à tour auprès du lit funèbre, prier pour le repos de l'âme du père sitôt ravi à notre affectueux respect; tandis que, d'autre part, l'office des morts était constamment psalmodié par des députations de novices qui se succédaient.

Le lundi 19 avril, à neuf heures, a eu lieu la levée du corps, au milieu d'une affluence de frères, tous péniblement affectés, et d'une foule de personnes notables, amies de notre Institut.

Les restes du très-cher frère supérieur ont été portés à notre chapelle, où un service solennel a été célébré au milieu d'une pieuse assistance, si nombreuse, que la chapelle, malheureusement trop petite, avait peine à la contenir.

Dans le sanctuaire étaient placés les membres du clergé, au nombre desquels se trouvaient : M. le vicaire général, archidiacre de Sainte-Geneviève, et M. l'official, représentant Son Ém. le cardinal-archevêque de Paris; plusieurs de MM. les curés de la Capitale, des supérieurs de congrégations religieuses, des aumôniers et un grand nombre d'autres ecclésiastiques.

La nef était occupée par nombre de personnages représentant : l'armée, la magistrature, les ministères, l'Université et diverses administrations. Nous nous abstenons d'en faire la nomenclature, dans la crainte d'oublier quelqu'un.

Après la messe, chantée en faux-bourdon par nos frères et les élèves du petit noviciat, laquelle a été suivie des prières de l'absoute, le corps, placé sur un modeste corbillard, a été accompagné au cimetière du Père-Lachaise, par la majeure partie de l'honorable assistance dont nous venons de parler, et à laquelle, non compris nos frères de Paris et des environs, s'étaient jointes des députations d'élèves de nos établissements de Passy, de la rue Saint-Antoine, de Vaugirard, d'Issy et de quelques-unes de nos écoles de Paris. Arrivé au cimetière, le corps a été déposé dans le caveau réservé aux supérieurs, où il repose à côté de ceux des vénérés frères Philippe et Calixte, qui l'y ont précédé d'une année à peine.

Nous terminons ce récit par l'extrait sommaire et abrégé de quelques articles de journaux et publications religieuses; nous y joignons quelques frag-

ments de lettres de condoléance à la louange du très-
cher et très-regretté défunt.

Le Monde. — « Le 7 janvier 1874, le très-honoré
frère Philippe, supérieur général des Frères des
Écoles chrétiennes, était enlevé à l'affection des siens.
Aujourd'hui, quinze mois à peine après la mort de
cet éminent serviteur de Dieu, nous sommes obligés
d'enregistrer un nouveau deuil. Le très-honoré frère
Jean-Olympe, supérieur général des Frères des Ecoles chrétiennes, est mort le 17 avril, à deux heures
du matin, à la suite d'une courte maladie, qui ne paraissait pas devoir se terminer par ce cruel dénoue-
ment.

« Le frère Jean-Olympe exerçait, depuis un an à
peine, les hautes fonctions de supérieur général. Dé-
signé au choix de sa congrégation par les hautes vertus qui le caractérisaient, par son ascétisme, par sa
vive et ardente piété, il avait dignement continué
l'œuvre du frère Philippe; il s'était montré dans tous
ses actes le disciple fidèle du vénérable de la Salle. »

L'Union. — « Un nouveau deuil vient de frapper
l'Institut des Frères des Écoles chrétiennes ; son supérieur général, le frère Jean-Olympe est mort aujourd'hui, à deux heures du matin, à l'âge de soixante
et un ans, neuf mois et treize jours. Samedi dernier,
il était encore debout à son poste dans la salle du
Régime ; dans l'après-midi, il se mettait au lit et ne
devait plus se relever.

« C'était un religieux très-pieux, très-laborieux,
d'un bon et noble cœur, plein d'amour pour sa congrégation, plein de dévoûment à toutes les Œuvres

que le zèle des enfants du vénérable de la Salle a multipliées sur tous les points de l'univers. La durée de son gouvernement a été bien courte, mais son souvenir restera. La cellule du frère Philippe était la sienne ; c'est là qu'il a rendu son âme à Dieu, au milieu des prières et des regrets. »

La France nouvelle. — Hier matin, à neuf heures, dans la chapelle de la maison-mère, ont eu lieu les obsèques du très-honoré frère Jean-Olympe, supérieur général des Frères des Ecoles chrétiennes. L'assistance était considérable.

« Le clergé de Paris, tous les ordres religieux, toutes les œuvres étaient grandement représentées autour du cercueil du vénérable Supérieur général. On remarquait dans le chœur deux prêtres au visage austère, agenouillés sur des prie-Dieu recouverts de noir et versant des larmes : c'étaient les deux frères du défunt.

« La messe a été célébrée par M. l'aumônier de la maison ; les chants étaient graves et pieusement beaux, le recueillement admirable. Des hommes du monde, attachés de cœur au vénérable Institut, des notabilités catholiques, des personnages appartenant à des corps publics avaient tenu à rendre hommage au Supérieur dont le gouvernement a été si court, et dont les grandes qualités promettaient des fruits si importants.

« Si le frère Jean-Olympe n'a fait qu'apparaître comme général de l'Institut, ses trente-huit ans de vie religieuse ont été un long exemple de vertus et une suite d'importants services.

« Ses restes ont été conduits au cimetière du Père-

Lachaise, pour être inhumés dans le caveau des Supérieurs de la Congrégation. Un nombreux cortége a suivi son cercueil. Le souvenir du frère Philippe, dont le frère Jean-Olympe avait été le successeur, était présent à la pensée de tous. »

La Jeunesse. — « Nous remplissons un douloureux devoir en prenant notre part au deuil cruel qui vient de frapper subitement l'Institut des Frères des Ecoles chrétiennes. Son vénéré Supérieur-général le très-honoré frère Jean-Olympe, lui a été enlevé après une courte maladie ; il occupait depuis une année seulement la charge illustrée par le frère Philippe, et n'était âgé que de 62 ans.

« La Providence, qui paraissait lui promettre de longs jours, l'a ravi tout à coup à l'affection et au respect des siens : il lui a plu de plonger dans la douleur la grande et belle famille du vénérable de la Salle, en lui enlevant son père ; car c'est vraiment un père qu'elle lui prend dans la personne du très-honoré frère Jean-Olympe. Observateur scrupuleux et gardien inflexible de la Règle pendant toute sa vie, sa préoccupation dominante dans le court espace de son généralat avait été de conserver et de développer la vie religieuse dans ses communautés. Il avait compris que le dévoûment et le zèle chrétiens avaient seuls permis au frère Philippe de mener à bonne fin ses vastes entreprises, et pouvaient seuls en assurer les résultats. Comme il avait toujours fait, il prêcha d'exemple : sa piété, sa mortification, son humilité grandirent encore dans le poste éminent où il était appelé, en sorte qu'il fut de tous points le digne continuateur de l'homme illustre auquel il avait succédé.

« Sa mort a été celle d'un saint et la récompense méritée d'une longue vie de labeurs et de dévoûment. Quand il voit de tels hommes quitter la terre, le chrétien semblerait n'avoir qu'à se réjouir et à remercier Dieu du bien qu'ils ont fait; mais s'il songe à ceux qui restent et dont ils étaient le conseil et la force, il s'afflige et se plaint de ce qu'ils ne sont pas immortels.

« Cependant tout en nous associant à la grande et légitime douleur de l'Institut, nous sommes pleins de confiance dans l'avenir. Les Frères des Ecoles chrétiennes tiennent une trop grande et trop belle place dans l'Église de Dieu, pour que sa Providence les abandonne : elle leur enverra l'homme supérieur, le religieux humble et sage, ferme et doux, entreprenant et dévoué qu'exige le poste si bien occupé par le frère Philippe et le frère Olympe. Nous le demanderons dans nos plus ferventes prières. — *C. Rémond.* »

FRAGMENTS DE LETTRES DE CONDOLÉANCE.

« J'avais, vous le savez, des raisons très-particulières d'aimer, d'estimer et de respecter votre très-honoré père, le frère Olympe. En apprenant la nouvelle si inattendue de sa mort, je partage votre douleur, dont je comprends toute l'étendue; mais j'adore, avec vous et comme vous, la sainte volonté de Dieu.

« Dès demain, je m'acquitterai de ce que je considère comme un devoir de reconnaissance, en offrant pour lui le saint sacrifice.

† PAUL, évêque de Metz. »

« Je ne pourrai assister demain matin aux obsèques de votre regretté Supérieur-Général. Mais je
tiens à vous dire que je serai avec vous de cœur pendant la cérémonie, et à vous répéter ce qu'un de
vos frères assistants a dû vous rapporter de ma
part : mes bien vives condoléances pour la nouvelle
et si cruelle perte que vous venez de faire.

« J'ai déjà offert le saint sacrifice pour le repos de
l'âme de Celui qui ne vous a sans doute été enlevé
que parce qu'il était mûr pour le Ciel.

« Je prierai encore, mais surtout maintenant, pour
votre Institut si durement éprouvé. Que N.-S., dont
vous servez si bien la cause, vous garde et vous ins-
pire.

« E.-J. LAGARDE, *v.g.*
« *Archidiacre de N.-D. de Paris.* »

« J'ai reçu votre billet qui m'informait de la grave
maladie du digne frère Jean-Olympe, et j'apprends
par vos frères d'Aix sa fatale issue. Il ne pouvait
arriver une plus grande croix à votre Congrégation,
et je prends toute la part possible à son affliction.
J'ai immédiatement recommandé le regretté défunt à
notre double Communauté. Demain matin, je célé-
brerai à son intention. Les regrets chez nous étant
unanimes, les prières s'uniront.

« Les desseins de Dieu sont inscrutables et il faut
les adorer sans les sonder, en y conformant par la
résignation nos volontés. Le frère Jean-Olympe ne
perd rien par sa mort prématurée : il a porté devant
Dieu le mérite du bien qu'il voulait faire à votre
œuvre, et il est soustrait aux tribulations qu'il aurait
eues pour l'opérer. Dieu saura lui trouver un suc-

cesseur, qui poursuivra l'exécution de son plan pour le perfectionnement de la Congrégation.

. . . .

« FOUILLOT, S. J. »

« Le très-honoré frère Olympe était vraiment un homme de Dieu, et pour votre Congrégation l'homme de l'opportunité. Il m'est doux de prier, pour que son successeur soit digne de lui et de votre vénérable Fondateur.

« Jésus n'a besoin de personne; mais Il est toujours Jésus pour les Instituts, comme pour les religieux qui l'invoquent dans la sincérité de leurs cœurs et dans l'humilité de leurs âmes.

« J'ai la confiance que votre Congrégation l'éprouvera une fois de plus, et j'en bénirai Notre-Seigneur.

« M. FESSARD, S. J. »

« Adorons les décrets de Dieu et rappelons-nous qu'il est toujours notre Père céleste, même quand il frappe des coups bien douloureux.

« Nous aussi, nous espérions que N.-S. J.-C. conserverait longtemps à votre Institut le nouveau Supérieur-Général qu'il lui avait donné, et nous avons été très-affligés en apprenant sa mort.

« Nous avons prié pour sa guérison, nous prierons pour sa prompte délivrance, et nous prierons surtout pour votre sainte Congrégation qui nous est si chère.

« L'an dernier, quand, à cette époque, notre P. de Ponlevoy donnait, avec tant de sagesse et d'effusion de cœur, des conseils à la réunion des électeurs du F. général, nous ne savions pas que le nouvel élu et le P. prédicateur auraient quitté ce monde avant la fin des douze mois. Courage, résignation et toujours confiance.

« H. Leblanc, S. G. »

« Je prends une bien grande part à la perte que vous avez faite dans la personne du très-honoré frère Jean-Olympe, supérieur général de votre Congrégation.

« C'est un des meilleurs souvenirs de ma vie d'avoir eu l'occasion de le voir, de l'apprécier et d'avoir entretenu avec lui des relations agréables pendant plus de vingt-cinq ans.

« Je me félicitais de le voir à la tête de votre Institut, non-seulement pour toutes les maisons qu'il compte dans les deux mondes, mais pour celles de notre Franche-Comté, qui lui étaient particulièrement chères.

« J. Besson,
« *chanoine de Besançon.* »

« Combien j'ai été stupéfait et péniblement affecté en apprenant la si prompte mort de votre excellent et si digne Supérieur Général, le très-honoré frère Olympe. En attendant que les lettres à ce sujet vous arrivent de Madagascar, permettez-moi de vous exprimer déjà à l'avance combien nous sommes sensibles à cette perte. Nous lui devions tant de reconnaissance pour l'intérêt tout spécial qu'il a toujours porté à notre mission ! Plus elle était éprouvée, plus son âme d'apôtre s'attachait à lui être utile. J'espère que, du haut du ciel, il la protégera d'une manière plus efficace encore. Et vous tous, quelle ne doit pas être la peine de vos cœurs ! Peine qui ne peut manquer d'être sensible, quoiqu'elle soit entièrement soumise à la volonté de Dieu.

« Je n'ai pas manqué de m'acquitter du devoir de reconnaissance envers l'âme du très-honoré défunt, et je le ferai encore.

« AILLOUD, *missionnaire de Madagascar*. »

Le très-cher frère Jean-Olympe était dans la soixante-deuxième année de son âge, la trente-huitième de communauté, la trente-quatrième de profession religieuse, et la seconde de son généralat.

Nous sommes, avec la plus tendre affection,

Nos très-chers Frères,

Vos dévoués serviteurs en N.-S. J.-C.

FF. FIRMILIEN, MAMERT, JUDORE, AGAPET, IRLIDE, EXUPÉRIEN, PATRICK, RENAUX, JOSEPH et OSÉE, Assistants.

PARIS. — IMP. VICTOR GOUPY, RUE GARANCIÈRE, 5.

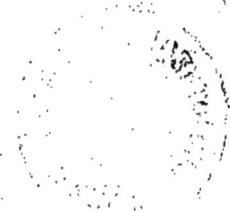

18